CHAMBRE DE COMMERCE
DE LIMOGES

RAPPORT

SUR

L'ENTREPRISE DU PERCEMENT

DE L'ISTHME DE SUEZ

PAR

M. PIERRE MARQUET

Délégué de Limoges

LIMOGES

IMPRIMERIE DE CHAPOULAUD FRÈRES
7, rue Montant-Manigne, 7

—

1865

RAPPORT

L'ENTREPRISE DU PERCEMENT

DE L'ISTHME DE SUEZ

MESSIEURS,

Chargé par la Chambre de commerce de Limoges de la représenter dans la Commission internationale qui a visité les travaux du percement de l'isthme de Suez, je viens vous rendre compte de ma mission et de mes impressions sur le résultat de cette grande entreprise.

Pendant un séjour assez long que j'ai fait à Alexandrie, j'ai pu remarquer que l'opinion publique était peu favorable à cette œuvre. L'on se préoccupait beaucoup de quelques déplacements d'intérêts, conséquence inévitable de la traversée directe par Port-Saïd, et l'on paraissait ne pas assez tenir compte des avantages immenses résultant pour l'Égypte de sa position d'entrepôt forcé du grand commerce des Indes, desbords de la mer Rouge, etc.

Le départ des délégués désignés par les Chambres de commerce des diverses parties du monde, accourus, au nombre de quatre-vingt-sept, à l'appel de M. de Lesseps, fut fixé au 7 avril.

J'avais remis, dès le 5, à M. de Lesseps, dans une visite officielle, la lettre qui me confiait l'honorable mission de représenter la Chambre de commerce de Limoges.

Le 6, M. de Lesseps réunit, dans un banquet offert au consulat de France, toute la délégation. Le banquet fut terminé par des toasts nombreux, presque tous relatifs au succès de l'entreprise.

Nous avions reçu dans ce banquet l'avis que le Vice-Roi mettait à notre disposition tous les moyens possibles de faire notre exploration : aussi un train spécial, organisé par ses ordres, nous transporta en six heures d'Alexandrie au Caire.

Le soir, il y eut réunion générale chez M. de Lesseps, pour fixer le rendez-vous du lendemain.

Le 8 fut employé à visiter le musée Égyptien, le château de Choubras et tous les édifices importants du Caire. Quelques délégués crurent devoir faire une visite officieuse au Vice-Roi. Parfaitement reçus, ils en obtinrent l'assurance qu'il voyait avec plaisir le percement de l'isthme; mais S. A. ajouta que, loin d'inféoder l'Égypte au canal, elle désirait que le canal demeurât égyptien. Cette réponse a été regardée par MM. les délégués comme la preuve de la neutralité absolue qui devait être observée, et qui seule garantissait la sécurité des relations que doit développer l'ouverture du canal.

Le 9, nous nous dirigeâmes, par le chemin de fer du Caire, sur Zagazig, où commence le canal d'eau douce fait jadis par Méhémet-Ali, et qui doit nous conduire à Ismalia.

Arrivés à 9 heures 20 minutes, nous étions tous embarqués à 10 heures, sans distinction de nationalité, sur sept barques ayant 8 mètres de longueur, 3 de large et 60 centimètres de tirant. Ces barques, pourvues d'une cabine couverte, sont remorquées soit par des chameaux soit par des mules. Le Vice-Roi avait mis à la disposition de M. de Lesseps un cavas pour nous accompagner.

Le canal traverse et arrose la propriété de L'Ouady, cédée à la Compagnie. Là on peut remarquer ce que peut l'intelligente activité de l'homme.

Les fermes ont quadruplé depuis la prise de possession ; elles doubleront encore de prix, après l'achèvement du canal, que le Vice-Roi doit exécuter à ses frais, suivant les nouvelles conventions, et qui reliera Le Caire à ce Tell égyptien.

Cette époque n'est pas éloignée; car vingt-cinq mille fellahs y travaillent chaque jour, et leur présence témoigne du désir qu'éprouve S. A. de remplir ses engagements.

La belle propriété de L'Ouady, renfermant douze mille hectares, et peuplée d'environ douze mille habitants, est dirigée par M. Guichard.

On y exploite en grand, indépendamment du coton, la culture des vers à soie. Vingt mille mûriers plantés accusent de l'importance de cette magnanerie.

La Compagnie y trouve en outre des ressources maraîchères d'autant plus précieuses pour ses travailleurs que ces produits sont rares et chers en Egypte.

Inutile de dire l'accueil chaleureux que nous avons reçu du Directeur.

Le 10, nous partons de Tell-el-Kebir, à 8 heures du matin, par les mêmes barques et les mêmes remorqueurs. Après avoir parcouru environ 15 kilomètres, nous sortons de cette propriété, et entrons dans la partie du canal qui a été continuée par la Compagnie jusqu'à Ismalia, et, malgré que nous soyons au moment des plus basses eaux, nous n'avons pas eu de temps d'arrêt. — M. Bulwer et le consul général anglais ont pu le certifier quelques jours avant nous.

A 2 heures et demie, nous sommes arrivés à Rhamsès. La maison, située au milieu du désert, sert de station. Elle est habitée par Mme Masson, qui nous en a fait dignement les honneurs.

C'est de Rhamsès que six cent mille Israélites partirent avec Moïse pour fuir l'Egypte.

On y voit la statue du roi Rhamsès, qui, enfouie pendant quatre mille ans sous les sables, fut découverte par nos soldats de l'expédition d'Égypte. Elle a été complètement déblayée par les travailleurs du canal. Des précautions ont été prises pour la garantir d'un nouvel ensablement.

A 4 heures, nous quittons la direction de Suez, et peu de moments après nous voyons Ismalia.

Ismalia est l'œuvre de la Compagnie. C'est une ville établie sur de grandes proportions. Elle possède église catholique, mosquées, hospice, sœurs de Charité. Des hôtels, de belles habitations, soit pour M. de Lesseps, soit pour les employés supérieurs et les bureaux de l'administration, un cercle, de belles promenades, attestent la grande ville en perspective. Des rues spacieuses, droites sur toutes les lignes, attendent de nouvelles constructions.

La première pierre a été posée le 27 avril 1862, et la population, qui s'élève de cinq à six mille habitants, constate l'accroissement successif que doit prendre cette cité, conquise sur le désert.

Située à un kilomètre du lac Timsah, dont la superficie est d'environ mille deux cents hectares, elle pourra jouir d'un port naturel, dont le creusement sera facile à la drague. Le niveau du lac est déjà de 3 à 4 mètres au-dessous du niveau de la mer.

Les écluses qui doivent relier aux abords d'Ismalia le canal d'eau douce au canal maritime ne sont pas encore terminées ; mais l'activité qui préside à leur construction ne laisse aucun doute sur la jonction prochaine des deux canaux (1).

Le 11, nous reprenons nos barques, et nous revenons à 4 kilomètres environ prendre l'embranchement du canal d'eau douce qui conduit à Suez. C'est un très-joli canal, ayant 15 mètres de largeur sur 2 mètres 25 cent. de pro-

(1) Depuis les écluses ont été livrées. La circulation commence à être établie.

fondeur. La circulation n'est pas arrêtée, bien que quelques kilomètres soient ensablés dans son parcours.

Après 8 kilomètres de voyage, nous débarquons à Bir-abou-Ballah, oasis que la Compagnie a établie à son arrivée, en 1859, et qui fournit encore à Ismalia légumes et fourrages. La végétation y est très-belle, et la transformation du sable en terre de bonne qualité est complète.

La Compagnie a donné cette propriété à l'émir Abd-el-Kader, qui a fait trois voyages pour remercier l'Administration.

Toutefois cette cession n'a pas encore reçu la sanction du Vice-Roi.

Au quatorzième kilomètre, nous avons trouvé un embranchement de deux kilomètres, qui sert de canal d'alimentation et de transport aux entrepreneurs du canal maritime établis au chantier de Toussoum.

Nous pouvons voir là un spécimen des travaux de ce canal.

La tranchée, terminée sur plusieurs points, présente une largeur de 58 mètres sur une profondeur de 4 mètres. Les travaux ont été exécutés par les contingents égyptiens.

Le Sérapéum, qui vient après, et dont le sol varie de 10 à 20 mètres au-dessus du niveau de la mer, supportera un déblai de plus de 10 millions de mètres cubes.

Nous y avons vu un millier d'ouvriers de toutes les nations travaillant à la tâche. Ils gagnent de 4 à 6 francs par jour. Toutes les précautions d'hygiène y sont prises, et, malgré les fortes chaleurs, le nombre des malades atteint à peine celui qui existe en Europe.

Si l'on compare ce résultat à ce qui se passa en Egypte lors du creusement du canal Mamoudieh près Alexandrie, où vingt-quatre mille Égyptiens périrent, on doit bénir l'influence française, qui a su donner à des travaux aussi difficiles l'attache de la prévoyance la plus minutieuse.

MM. Borel et Lavalley sont chargés de cette entreprise. Nous parlerons plus tard des puissants moyens qu'ils ont pour la conduire promptement à bonne fin.

Nous rentrons après cette excursion, à 6 heures et demie du soir, à Ismalia.

Le 12, nous partons d'Ismalia à 6 heures et demie du matin. Abandonnant le canal d'eau douce, et prenant un canal de service établi pour le canal maritime, nous laissons également les grandes barques que nous avions depuis Zagazig, et nous montons dans dix-sept plus petites, ayant moins de tirant, mais remorquées comme les précédentes.

Nous avons visité sur notre passage un chalet appartenant au Vice-Roi, mais non habité. Saïd-Pacha, son prédécesseur, y a fait, dit-on, deux ou trois visites.

Nous jouissons là d'une vue magnifique, et les travaux du percement, leurs alentours, s'offrent à nos regards sous mille formes différentes.

A 10 heures, nous arrivons au chantier d'Ell'Guisr, sous l'entreprise de M. Le Couvreux. La Compagnie avait organisé sur des plates-formes un train qui nous permit de suivre un assez grand nombre de voies diverses.

Le travail s'exécute au moyen d'un excavateur de la force de 16 chevaux, consommant 400 kilos d'agglomérés par jour de 10 heures. Vingt-quatre hommes font le service. Avec ces frais, on déblaye et transporte 400 mètres cubes par jour. Le creusement s'effectue sur une longueur de 7 mètres.

M. Le Couvreux possède ou aura sous peu de temps vingt de ces ingénieux et formidables appareils. Après les avoir vu manœuvrer, il est impossible de conserver le moindre doute sur le prompt achèvement de cette portion de l'entreprise, qui paraissait présenter les plus sérieuses difficultés.

Cinq cents ouvriers suffiront et au-delà : il en fallait plus de six mille !...

L'eau nécessaire, prise à Ismalia par une conduite en fonte de 16 centimètres de section, dessert tout le parcours jusqu'à Port-Saïd. Indépendamment des services qu'elle rend à la Compagnie, de la fertilité qu'elle donne aux parties de terrain qu'elle arrose, cette eau est d'une grande ressource pour les caravanes qui viennent soit d'Égypte soit de Syrie. Cette conduite va être plus que doublée d'ici à quelque temps.

M. de Lesseps a voulu marquer cette journée par le baptême d'une petite ville édifiée également par la Compagnie. La marraine lui a été bientôt désignée, et la jeune épouse du délégué de San-Francisco, qui avait affronté les dangers et la fatigue d'une longue traversée pour visiter ces travaux gigantesques, l'a fait baptiser sous le nom de Sainte-Marie-au-Désert.

Cette petite ville possède église, mosquée, hôpital. Après la cérémonie, une collecte a été remise au desservant, moine italien.

A une heure, nous repartons, et nous rencontrons des chalands porteurs d'un bon nombre d'ouvriers. Nous traversons les lacs Ballah, et nous trouvons, à 2 heures 20 minutes, la grande section du canal, qui offre un aspect grandiose et inattendu, celui d'une nappe d'eau immense se dessinant au milieu du désert sur un parcours presque rectiligne de 25 kilomètres.

La largeur, qui jusque-là n'était que de 20 mètres, est poussée à 60. Elle devra avoir 8 mètres de profondeur. Près de Port-Saïd, elle doit atteindre 80 mètres de largeur.

Nous cotoyons les ruines de Kantara-el-Kusné (Pont-du-Trésor); et arrivons au nouveau bac de Syrie, où la Compagnie fait construire une petite ville sous le nom de Kantara. En général assez mal édifiée, elle sert de station pour le canal; elle est aussi le passage des caravanes qui font, à la distance de quatre à six jours, le voyage de Jérusalem et de la Syrie, et viennent approvisionner de bétail l'Égypte, cruellement éprouvée par les épizooties de 1863 et 1864.

Indépendamment de ce trafic, le passage des chameaux est évalué à quarante mille par année.

Nous avons déjà mentionné les ressources que procure

aux caravanes la prise d'eau Ismalia. De vastes et commodes abreuvoirs ont été établis sur ce point par la Compagnie.

Le 13, à 6 heures du matin, chacun reprend sa place de la veille ; nos bateaux sont remorqués par des dromadaires pendant 28 kilomètres, soit au dix-septième kilomètre de Port-Saïd.

A cette distance, quatre petits vapeurs, chacun de la force d'environ 15 chevaux, nous attendent pour remorquer jusqu'au cinquième kilomètre.

Arrivés à ce point, nous nous embarquons sur les vapeurs.

Nous avons remarqué sur notre passage de nombreuses grues s'élevant tout le long du canal maritime : elles sont au service de dragues puissantes, qui extraient des quantités énormes de sable. Ce sable est déposé sur les bords, et forme immédiatement les berges. Une drague peut enlever mille deux cents mètres cubes par journée de dix heures, et ce puissant engin, desservi par deux grues, n'exige que le concours de quinze hommes.

Nous arrivons à Port-Saïd à 4 heures ; mais, agréablement surpris, nous dépassons le chenal, laissant les anciens chantiers d'Aiton à gauche et ceux de Dussaud à droite, pour entrer dans la Méditerranée, qui était un peu forte. Nous poussons jusqu'à l'îlot qui formera la jetée ouest de 3,200 mètres, séparée par un chenal de 400 mètres de celle de l'est, qui occupera une superficie de 1,000 mètres de moins. Ce chenal est destiné à servir d'abri aux navires, et est confié aux soins de MM. Dussaud, connus par leurs beaux travaux de Marseille.

Après cette excursion, nous entrons à Saïd, aux acclamations d'une foule nombreuse.

Port-Saïd est une ville commencée par la Compagnie au mois d'avril 1862 : elle n'offrait auparavant qu'un banc de sable, sans aucune trace d'homme, sans eau potable. C'était le désert dans toute sa nudité.

Aujourd'hui de vastes chantiers témoignent de son activité, et six mille habitants y trouvent toutes les commodités de la vie.

La ville est bâtie sur la langue de sable qui séparait la mer du lac Monzaleh. Une grande quantité de déblais ont été portés sur cet emplacement; une quantité égale sera nécessaire pour compléter la plate-forme réservée.

La partie européenne est presque toute construite en chalets; les emplacements cédés par la Compagnie pouvant être repris par elle, les habitations sont établies de manière à pouvoir être transportées.

La partie arabe, au contraire, est bâtie dans des conditions qui devraient servir d'exemple aux grandes villes d'Égypte, et plus encore aux villes secondaires de ce pays.

Depuis Ismalia, nous avons marché de merveille en merveille, et l'on peut se demander comment l'esprit et la main de l'homme ont pu opérer de tels prodiges.

Et néanmoins la puissance des machines va prendre un nouveau développement. Dès le 18, lendemain de la fête de Pâques, MM. Borel et Lavalley vont donner une plus grande impulsion à leurs travaux. Leurs dragues, augmentées des dix que les chantiers leur ont livrées le 18 mars, sont ainsi portées à quarante. Plus tard elles atteindront le chiffre de soixante-dix, garnies toutes de leur appareil auxiliaire.

Avant la nuit, nous avons fait une visite aux chantiers des forges de la Compagnie de la Méditerranée. Un employé a bien voulu nous faire visiter une de ces dragues, et nous donner les renseignements suivants :

La drague comporte pour sa construction 300 tonnes de matériaux, fer, fonte, cuivre et bronze. Elle contient :

Une machine de 80 chevaux pour faire mouvoir la grande chaîne;

Une autre de 16 chevaux pour régler les profondeurs;

Une troisième de 12 chevaux pour la faire tourner ;

Enfin une petite de 1 cheval pour l'usage ordinaire;

Le tout brûlant 900 kilos de charbon par journée de 10 heures.

Les réparations sont bientôt faites : un godet de chaînes peut se remplacer en deux heures.

Le 14, nous nous réunissons pour visiter les ateliers Dussaud. Là fonctionne une machine à vapeur de 70 chevaux, qui fait mouvoir dix manéges, mélangeant 100 parties de sable avec 45 de chaux hydraulique du Tell. Ces manéges confectionnent des blocs cubant 10 mètres 20 c., et pesant 22,000 kilogr.

Ces blocs sont destinés à établir les digues et le port.

En déduisant les chômages et les réparations, chaque manége fait par jour trois blocs, soit neuf cents par mois. On peut donc compter qu'en moins de trois ans ils auront pu obtenir les vingt-cinq mille blocs dont ils jugent avoir besoin.

Après un séjour à l'air de deux mois, ces blocs sont jetés à la mer.

Nous avons pu nous faire la veille une idée du commencement de cet immense travail, qui rassurera la sécurité du port, et le garantira contre l'envahissement des sables.

En sortant de ce chantier, nous sommes allés rendre visite à celui de la Compagnie de la Méditerranée, généralement occupé par les entrepreneurs de dragues, grues, mahonnes, etc. L'organisation en est parfaite.

Nous avons pu constater dans les ateliers de la Compagnie et les vastes hangars cédés à M. Borel les approvisionnements de toute espèce qui y sont accumulés.

La matinée s'est terminée en assistant au lancement d'une des dragues visitées la veille.

Dans une réunion générale qui a eu lieu, les délégués ont été invités à adresser à M. de Lesseps les questions qu'ils croiraient convenables. De nombreuses questions ont été posées, et l'administration s'est fait un devoir d'y répondre immédiatement, et de fournir tous les renseignements qui ont pu être demandés.

Avant de se retirer, et profitant de la réunion, qui pouvait ne pas se renouveler, un membre propose qu'il soit rédigé à notre arrivée à Suez une adresse à M. de Lesseps constatant en combien d'heures et dans quelles conditions le trajet entre les deux mers avait été effectué. D'autres membres désiraient ajouter quelques faits généraux qui avaient été vus et reconnus.

Mais plusieurs membres, ayant cru voir dans cette proposition une dérogation à leur mandat, et comme une pression sur leur libre-arbitre, n'ont voulu rien signer, et la majorité, se ralliant à la proposition première, a décidé qu'une déclaration serait rédigée et signée pour être remise à M. de Lesseps. Cette déclaration porte la date du Caire, et énonce les remarques principales faites pendant notre excursion.

Le 15, départ de Port-Saïd. A 5 heures 45 minutes, nous reprenons les vapeurs qui nous avaient conduits ; nous traversons, au lever du soleil, le lac Monzaleh. Les dragues et les grues étaient en pleine activité.

Nous retrouvons nos barques, qui, poussées par un vent du nord très-frais, nous transportent sans remorqueurs à midi 30 minutes en face de Kantara. Nous y rencontrons plusieurs chalands chargés de chaux.

Nous arrivons à Ismalia après avoir parcouru 77 kilomètres en onze heures.

Le 16, départ d'Ismalia, à 5 heures 45 minutes du matin, pour arriver à Suez, distant de 90 kilomètres, et que nous devons atteindre au moyen du canal d'eau douce.

Par les eaux un peu plus basses, nous revoyons Bir-abou-Ballah et le Sérapéum. Nos barques touchent bien quelquefois le fond, mais il n'en résulte aucune perte de temps.

Nous passons devant les lacs Amers, et, au 32ᵉ kilomètre, nous apercevons le mont Génitté, qui semble être en face du canal. C'est de là que sont extraites les pierres, qu'on peut utiliser partout, surtout pour les écluses. Ce sera plus tard une précieuse ressource pour les revêtements du canal maritime.

Nous échangeons nos mulets, accablés de fatigue.

Depuis le Sérapéum, le canal maritime est seulement ébauché; mais, au-dessus de Chalouff, au 74ᵉ kilomètre, nous avons trouvé un vaste chantier, que nous avons visité aux flambeaux. Le canal est entièrement achevé sur un parcours de plusieurs kilomètres. A cet endroit la Compagnie a établi un canal d'eau douce et un hôpital, contenant deux malades.

Enfin nous arrivons à Suez à 11 heures 35 minutes du soir, faisant en vingt-sept heures de marche la distance de 170 kilomètres qui sépare actuellement la mer Rouge et la Méditerranée.

Le canal maritime direct aura une longueur de 160 kilomètres, et une largeur de 58 mètres de Port-Saïd aux lacs Amers et de 80 mètres des lacs Amers à Suez. La profondeur, fixée à 8 mètres, peut suffire à tous les besoins de la navigation opérée par les paquebots qui font le voyage des Indes.

Sur tout le parcours du canal maritime règne un fil électrique; la poste y est parfaitement organisée; des services de toute nature ne laissent rien à désirer.

Le niveau des deux mers d'après le rapport de M. Bourdaloue, homme très-compétent, serait presque insignifiant, soit 16 cent. La différence des marées, de 1 mètre 30 à 1 mètre 80 pour la mer Rouge et de 25 à 35 cent. pour la Méditerranée, peut être compensée au moyen de l'immense réservoir que présentent les lacs Amers.

Le 17, rendez-vous, à 9 heures, pour visiter la rade de Suez.

A sa gauche aboutira le canal maritime. Le canal d'eau douce se versera à sa droite.

La vue est très-variée. On aperçoit le mont Gibelle, la fontaine de Moïse et, dans le lointain, la péninsule arabique et le mont Sinaï.

Suez est une ville de 4 à 5,000 habitants. La mer y est

magnifique, d'un beau bleu verdâtre, et encaissée entre des rochers rougeâtres, qui sans doute lui ont fait donner le nom qu'elle porte.

Des chalands nous transportent sur un vapeur, qui nous fait aborder les vastes constructions des bassins de radoub que la Compagnie des Messageries impériales fait construire pour le compte du Vice-Roi. Ce bassin a 126 mètres de long, 15 de large, 8 de profondeur. On y travaille avec la plus grande activité : il doit être terminé avant la fin de 1866.

Nous avons visité *le Candia*, de la Compagnie Péninsulaire, et *le Tigre*, de la Compagnie des Messageries Impériales, paquebots qui font le service de la mer des Indes. Nous sommes reçus à bord de *l'Impératrice*, des Messageries, par M. Girette, inspecteur. Les équipages étaient sur le pont, divisés en trois parties, Chinois, Nègres, Européens, tous dans une tenue irréprochable.

Un déjeuner splendide nous attendait. Il s'est terminé par un toast porté par M. Girette au Vice-Roi. M. de Lesseps a pris ensuite la parole, et les remercîments sympathiques qu'il nous a adressés ont provoqué de frénétiques applaudissements.

Avant de nous séparer, M. Girette confirme et complète les renseignements donnés par MM. les directeurs de la Compagnie.

Notre mission est terminée; mais je ne dois pas finir mon Rapport sans remercier tous nos hôtes de l'accueil que nous avons reçu, des franches communications qui nous ont été faites. Ce sentiment a été si unanime que, avant de se séparer, les délégués ont voté une médaille d'or à M. de Lesseps et une médaille de bronze aux directeurs, administrateurs et chefs-employés. Une somme de 5,000 fr. a été remise à M. Guillemain, de Versailles, chargé d'en surveiller l'exécution, et de la faire parvenir à chaque délégué.

Il me reste un devoir à remplir : c'est celui d'indiquer

les principales ressources que peut offrir le commerce d'Égypte à nos exportations.

La porcelaine, surtout décorée, y trouverait un placement avantageux. Nos fers sont difficiles à placer : on préfère le bas prix à la bonne qualité. Nos papeteries et notre librairie auraient un écoulement assez certain. Dans la chaussure, les affaires seraient faciles, et un débouché considérable serait assuré à l'exportateur qui saurait se conformer au goût du pays.

P. MARQUET.

La Chambre écoute avec un intérêt soutenu la relation dont M. Marquet lui a donné lecture. Elle en vote l'impression à l'unanimité, comme témoignage de sa satisfaction et de la vive sympathie qu'elle a toujours éprouvée pour cette œuvre immense, fruit du génie et de la persévérance d'un enfant de la France.

Pour copie conforme :

Le Président, J. BOUILLON.
Le Secrétaire, ASTAIX.

RÉSUMÉ

DES PRINCIPALES DEMANDES ADRESSÉES ET DES RÉPONSES.

Canal d'eau douce.

Direction du canal. — Sa longueur, sa largeur; la hauteur d'eau.
— La partie exécutée antérieurement; la partie nouvellement faite;
les moyens employés et la dépense faite.
Le trafic actuel. — Le volume d'eau.

Le canal d'eau douce, qui doit servir à alimenter le canal maritime, part du Caire, traverse L'Ouady, arrive à Ismalia, pour se diriger sur Suez.

Du Caire au Ouady (70 kilomètres) : largeur, 25 mètres à la ligne d'eau; du Ouady à Ismalia (60 kilomètres) : largeur, 20 mètres; d'Ismalia à Suez (90 kilomètres) : largeur, de 16 à 20 mètres.

Sur tout le parcours du canal, profondeur : hautes eaux, 2 mètres 50 centimètres; eaux moyennes, 2 mètres; étiage, 1 mètre 50 centimètres.

Entièrement neuf dans toutes ses parties, la première est confiée au Gouvernement égyptien; sur la deuxième, il existe une lacune de 23 kilomètres à construire par la Compagnie.

En attendant l'achèvement de ces deux portions du canal, la navigation se fait par le canal Ouady, qui commence à Zagazig.

Les travaux, commencés en 1861, et exécutés jusqu'en 1862, ont été faits à l'aide des contingents égyptiens.

Le trafic se borne à l'alimentation des populations, aux approvisionnements du matériel, au transport de la poste, des agents de la Compagnie et des voyageurs.

Les barques des voyageurs ont une vitesse habituelle de 6 kilomètres à l'heure.

Les chalands, d'un tonnage de 10,000 à 50,000 kilo-

grammes, circulent avec une vitesse de 3 kilomètres
à l'heure.

Canal maritime.

Sa direction ; sa longueur ; sa largeur ; la hauteur d'eau. — Les travaux exécutés. — Le nombre d'ouvriers employés. — Les difficultés, et moyens employés pour y obvier. — La dépense.
La partie restant à exécuter. — L'élargissement et la profondeur à donner. — Le temps nécessaire à l'achèvement.

Le canal maritime, partant de Port-Saïd, coupe l'isthme du nord au sud, traverse le lac Menzaleh, Bellah, Temsah, le Sérapéum, les lacs Amers, et aboutit à Suez. Sa longueur totale est de 160 kilomètres. Les terrains sont, sur 100 kilomètres, au niveau ou au-dessous du niveau de la mer; sur une longueur de 60 kilomètres, les terrains sont au-dessus.

Sa profondeur sera de 8 mètres; sa largeur, de 58 mètres des abords de Saïd aux lacs Amers, et des lacs Amers à Suez, de 80 mètres.

Le canal est endigué jusqu'au soixante-deuxième kilomètre. De ce point part un chenal, navigable pour les chalands, se prolongeant à travers le seuil d'Ell'-Guisr jusqu'au lac Timsah : le minimum de sa profondeur atteindra à la fin de l'année 1 mètre 50 centimètres.

Au sud du lac, un creusement a été fait jusqu'au-delà du plateau de Toussoum, sur une longueur de 7 mètres, plus de moitié à largeur complète. Au droit même du Sérapéum les travaux sont entrepris sur une longueur de 3 kilomètres.

Entre les lacs Amers et Suez, un premier creusement a été fait sur 3 kilomètres, à toute largeur, et à une profondeur de 5 à 6 mètres.

La presque totalité des travaux a été exécutée, à la tâche, par les ouvriers des contingents égyptiens, sauf les déblais faits à la drague à Port-Saïd et à la première partie du lac de Menzaleh, et cela jusqu'au moment où la Compagnie a passé des marchés à forfait avec les entrepreneurs.

Les travaux n'ont présenté aucune difficulté technique. L'installation dans le désert en a occasionné quelques-unes, que le temps et la dépense ont fini par surmonter.

Les contrats passés avec des entrepreneurs établissent la dépense ultérieure et le temps à y consacrer.

Les dépenses s'élèveront à 160,000,000 de francs.

Les travaux doivent être terminés dans les six premiers mois de 1868. — Tous les entrepreneurs ont une prime s'ils devancent leurs travaux, une pénalité à subir en cas de retard.

MM. Borel et Lavalley, chargés d'un devis de 112,000,000 de francs, ont 500,000 francs par mois de prime pour avancement, et 500,000 francs par mois de retard.

Lac Timsah.

Sa superficie. — Sa profondeur. — Difficultés pour l'excavation.

Le lac Timsah a 14 kilomètres de tour; — une superficie de 1,000 hectares. — Profondeur de l'eau, variable : en moyenne, 4 mètres 50 centimètres au-dessous du niveau.

Les travaux pour le port intérieur sont ajournés après l'exécution des grands travaux du canal maritime. — Le creusement en sera facile.

Entrée du lac par la mer Rouge.

Ouvrages nécessaires pour laisser l'entrée du canal constamment ouverte. — Difficultés de l'entrée et de la sortie. — Dangers présumés de la navigation sur la mer Rouge.

Aucun ouvrage n'est nécessaire pour laisser le chenal constamment ouvert.

Aucune difficulté pour l'entrée et la sortie.

La mer Rouge est plus navigable pour les navires

mixtes et à vapeur que la Manche, l'Adriatique et la mer Noire.

La navigation à voile dans la mer Rouge se fera dans les mêmes conditions que dans la mer des Indes, soumise, ainsi que cette dernière, pour l'aller et le retour, suivant les saisons, à l'influence des moussons; mais les distances, par la mer Rouge, sont abrégées de 3,000 lieues.

Entrée du canal dans la Méditerranée.

Garantie de l'atterrissement à l'embouchure du canal. — Temps et dépenses nécessaires.

L'entrée du canal sera complètement garantie contre les atterrissements par la construction des jetées, dont l'une doit avoir 3,200 mètres de longueur, l'autre, 2,200 mètres.

Les moyens dont dispose l'entrepreneur lui permettent de construire les jetées dans un délai de trois ans.

Questions générales.

Situation financière de la Compagnie. — Nombre d'actions sous-crites par le Gouvernement égyptien. — Quantième du versement des actions.

Obstacles provenant de bancs de pierres entre les lacs Amers et Suez. — Obstacles provenant des sables voyageurs.

Service de batelage. — Les tarifs à établir. — La garantie de la Compagnie, et la gradation du prix suivant la nature de la marche.

Époque du commencement de ce service et les moyens de transport mis à la disposition du transit entre les deux mers.

Les dépenses effectuées, y compris le matériel existant au 6 août 1864, étaient de 82 millions. Cette somme a été couverte par le Gouvernement égyptien. Le fonds social primitif peut donc être affecté aux dépenses à faire depuis cette époque.

Sur les 400,000 actions, 177,642 ont été prises par le Gouvernement égyptien.

Les actions ont versé jusqu'à présent 400 fr.

Le mode de paiement du Gouvernement égyptien est réglé par des conventions particulières adoptées en assemblée générale.

On a trouvé des bancs de rocher calcaire sur deux points : dans la tranchée du seuil de Chalouff et à l'abord de Suez.

Sur le premier point, le banc est extrait à sec ; il sert sur les lieux mêmes à l'enrochement des berges.

Sur le deuxième point, de nombreux sondages donnent l'espoir de pouvoir éviter ces roches, dont l'extraction ne donnera, dans aucun cas, lieu ni à des retards ni à une augmentation de frais capable de modifier les prévisions générales.

Les sables voyageurs existent sur deux portions des canaux : à la traversée du seuil d'Ell'Guisr, sur une longueur de 11 kilomètres, et à la traversée du seuil du Sérapéum, sur une longueur de 9 kilomètres.

D'après les observations faites, l'on n'a à redouter pour l'ensablement des canaux que le sable cheminant en rasant le sol, et non le sable extrêmement ténu qui obscurcit l'atmosphère, et franchit de vastes espaces, sans que le transport en soit affecté par la nature du terrain. Or, quelle que soit la largeur des tranchées, la quantité de sables voyageurs apportée est toujours la même; car le sable se dépose dès qu'il rencontre le talus de la dépression du terrain.

Mais, bien que, dans tous les cas, ces apports ne constituent pas une dépense exceptionnelle d'entretien des canaux, les ingénieurs sont intimement convaincus de pouvoir se rendre maître de ces apports, au seuil d'Ell'Guisr, par les immenses digues de protection formées par le dépôt des terres provenant du déblai des tranchées; dans l'étendue du seuil du Sérapéum, par des plantations exécutées sur une large échelle, dont la réussite est assurée en inondant, par des prises d'eau sur le canal d'eau douce, les terrains où cheminent les sables voyageurs.

Le service du batelage sera en pleine activité au 1ᵉʳ janvier 1866.

La Compagnie satisfera à tous les besoins au fur et à mesure qu'ils se dévolopperont. Déjà dix remorqueurs sont commandés pour parer aux premières nécessités.

Elle se chargera elle-même de ce service, en assumera la responsabilité, et le tarif, qu'elle graduera suivant la nature des marchandises, sera inférieur d'environ 50 p. %₀ à celui payé actuellement au chemin de fer.

LIMOGES. — IMP. DE CHAPOULAUD FRÈRES,
Rue Montant-Manigne, 7.

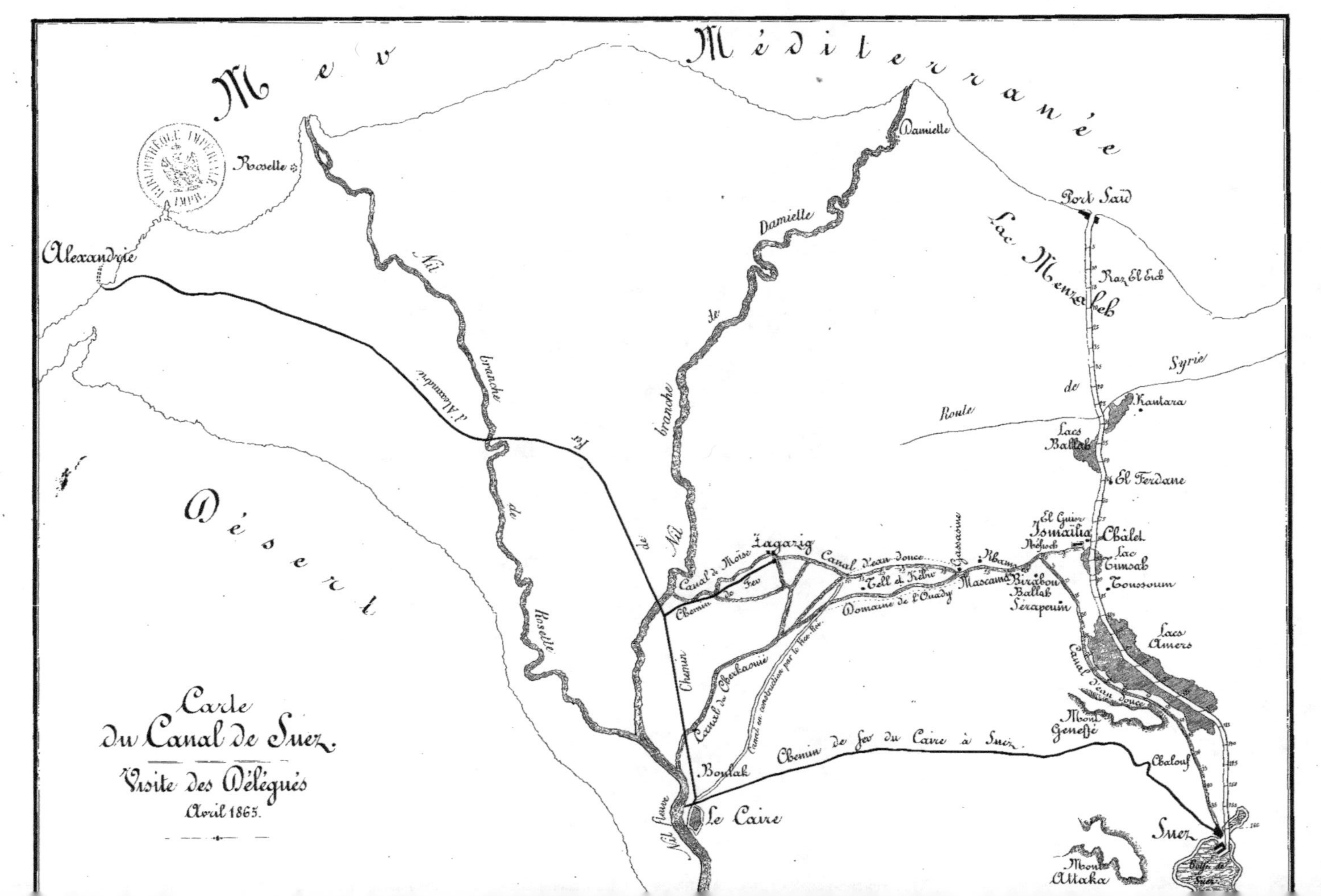

Carte
du Canal de Suez.
Visite des Délégués
Avril 1865.

Mer Méditerranée
Mer
Désert
Alexandrie
Rosette
Damiette
Damiette
Port Saïd
Lac Menzaleh
Raz El Ech
Syrie
Kantara
Lacs Ballah
El Ferdane
El Guisr
Ismailia
Néfiche
Châlet
Lac Timsah
Toussoum
Lacs Amers
Nil
branche d'Alexandrie
branche de Nil
de
Rosette
Zagazig
Canal de Moïse
Fer
Canal d'eau douce
Gassaoine
Abam
Tell el Kébir
Mascama
Birabou
Ballah
Sérapeum
Domaine de l'Ouady
Chemin
Chemin
Canal de Chakaoui
Canal en construction par le Vice Roi
Chemin de fer du Caire à Suez
Boulak
Canal d'eau douce
Mont Genesse
Chalouf
Nil fleuve
Le Caire
Route
de
Suez
Golfe de Suez
Mont Attaka